Forandringens Vingesus

Forandringens Vingesus

Jens David Olsen

Jens David Olsen

Forandringens Vingesus

Forlag: BoD · Books on Demand, Strandvejen 100,

2900 Hellerup, bod@bod.dk

Tryk: Libri Plureos GmbH, Friedensallee 273,

22763 Hamborg, Tyskland

ISBN: 978-87-7691-969-6

INDHOLD

FORORD

Forandringens Vingesus er en charmerende digtsamling, med nogle dejlige optimistiske digte om hverdagens tildragelser, som rummer dybde og mange fine betragtninger og underfundige formuleringer, som læseren kan reflektere over, når læsningen er tilendebragt. En god digtsamling, som beskriver både det jordnære og højtflyvende set gennem en dygtig digters øjne.

DAGEN KALDER

Dagen kalder, kalder på mig,
for vi skal den samme vej.
Ud af det varme sengetøj,
væk fra vækkeurets ondskabsfulde støj.

Varme og kærlige dråber fra dit bad,
føles blødt som et rosenblad,
man vil bare stå der, og slet ingen steder gå.

Men dagen kalder, kalder på mig,
den råber!: Kom, kom, kom, nu ud!
Og så står man der med nyvasket hår og hud,
dagen kalder, den kalder på mig . . .

FORÅRSFEST

Grønne bøgegrene på et veldækket bord,
som en hyldest til Moder Jord.
Vi ankommer i et farverigt blomsterflor,
forventningsglæden i vor hjerter gror!

Forårsfest med nye og gamle venner,
og nogen jeg slet ikke kender.
Helstegt lam og vin i stride strømme,
får mig til at føle vårens komme.

Flagrende kjoler i den milde vind,
og lyse toner i mit sind.
Møde med din røde mund,
i den lune aftenstund.

Skøn musik og sang fra den store scene,
er liv og kultur sprøjtet ind i din vene.
Vi danser sammen og alene,
kærligheden vokser mellem de grønne bøgegrene.

FORANDRINGENS VINGESUS

En digter er i sit es, når det bli'r vår,
for alt, kommer til live og blomstrer op,
det er naturens eget festfyrværkeri,
der skabes af tanken om liv.

Som en stime laks på vej til at gyde,
følger vi med strømmen,
afsted, afsted, afsted ...
ud og opleve livet i al sin herlighed.

Larven krænger sig ud af sin puppe,
bli'r forvandlet til en smuk sommerfugl,
sort, rød, blå, hvid, gul...
det er forandringens vingesus.

HELSINGØR

Helsingør,
min fødeby,
når lærken synger smukt i sky,
bli'r du født påny.

Gågaden med al sit morgenliv,
gi'r dagen nyt perspektiv.
Brostræde med sin berømte is,
gi'r alle slikmunde et dejligt smil.

Rosévin og et liv i sus og dus,
topløse piger på stranden,
bli'r nænsomt omsluttet af bølgernes brus,
bare tæer i det varme sand, og en flaske med kildevand.

På Kronborg sidder Holger Danske i sin kasemat,
og holder øje med dig dag og nat,
han sidder der trygt og godt,
for hans blod er lyseblåt.

Færgerne krydser sund og bælt,
mange røverhistorier bli'r fortalt,
lyd af stiletter på kaptajnens dæk,
og logbogen skrives med usynligt blæk.

MIDSOMMERVISE

Efter lyn, bulder og brag,
ta'r jeg naturen i min favn. Rosernes smukke
glans fortæller mig,
at det snart er Sankt Hans.

Jeg fylder mine lunger med luft,
sikke en herlig sommerduft.
Havmågerne skriger i det fjerne,
din kærlighed er benzin på min kreative hjerne.

Der strømmer fuglefløjt ind ad mit vindue,
med en renhed som hjertet hos en hindu. I
nattens milde vind jeg hører,
Himmelske stemmer i mit øre.

VI MASER OS IND I DIN STUE

Vi maser os ind i din stue,
og stjæler din dyrebare tid med endnu et skud poesi,
som om det var en mangelvare du ikke kunne leve foruden.

Vi maser os ind i din stue,
gennem vægge, sprækker og huller som ikke er muret til,
nøglehuller, halvåbne vinduer, døre der stod på klem,
mens du arbejdede i haven - man kan aldrig vide sig sikker på,
hvornår et lille uskyldigt digt sniger sig ind i alverdens stuer.

Vi maser os ind i din stue,
uden så meget som at spørge om lov,
for digte har ingen manerer, de maser sig bare ind!
De vil sluges råt, og er ikke altid lette at fordøje.

EJ BLOT TIL LYST

Ej lyst til at skrive, blot digte lidt.
Drive bort i en strøm af poesi,
befriet fra de gængse tanker,
bare drive bort og digte lidt.

Kigge ud på vejret,
tælle regndråber på morgenfruer.
Lytte til musik i glade stuer,
og se himlens farvesymfoni,
gå fra grå til rød, hvid og blå,
skønheden får næsten tiden til at gå i stå.

Drive bort i en strøm af poesi,
befriet fra de gængse tanker,
bare drive bort og digte lidt.
Kigge lidt på pigen med mørke krøller,
og de livlige blå øjne. Beundre hende lidt,
gå rundt og stråle lidt, dase lidt, male lidt,
skrive lidt, læse lidt, kede mig lidt.

Ej lyst til at skrive, blot digte lidt.
Drive bort i en strøm af poesi,
befriet fra de gængse tanker,
bare drive bort og digte lidt.

GLÆDESDANS

I aften bli'r der danset med søde piger,
som mit hjerte har søgt så længe.
I nat kravler den ene og den anden,
ind under dynen til den "eneste ene."

Når dukken har lagt sig på de silkebløde røde roser,
og den første solstråle rammer ruden,
så vender disse drenge og piger sig i himmelske senge,
hyldet i bløde hvide lagner og med den udkårne ved deres side.

Vil det være den, som hun vil tilbringe resten af livet med,
vil kun fremtiden vise.
Om hun kan holde poesiens vandfald af drømme ud,
vil kun fremtiden vise.
Om hun kan omfavne hele den himmelske åbenbaring,
på æstetikkens vej, vil kun fremtiden vise.

I aften bli'r der danset glædesdans,
følelsernes magiske troubadour spiller på sin tryllefløjte,
og vækker stærke følelser til live i både piger og drenge.

ÅRSTIDERNE

Forår og sommer,
gør mig altid glad, når de kommer.
Naturen spirer af liv,
med smukke badende piger.
Øjne der stråler i solens skær,
hos en pige man kan have kær.

Efteråret er til at leve med,
november stormens susen,
gi'r liv under blusen.

Løvfaldet og de nøgne træer,
som venter på julens komme og pynt,
suppe og simremad gør livet skønt!

Jeg afskyr vinteren,
med dens kulde og gys,
de frysende søer,
og frost i mine øjne og ører.

I stedet venter jeg utålmodigt på forår og sommer,
-for vi ved jo at de kommer,
med modne blommer til vores lommer,
verden er at lave, når der er søde piger i Frederiksberg Have.

EN SMUK HAVE

Jeg ved hvor der findes en have så smuk,
hvor gøen kukker om natten,
og kvinder føler sig skruk.

Ja, der findes en have så smuk,
hvor blomster og træer med latinske ord,
har fået lov til at folde sig ud.

Navnene kan være svær at tyde,
men skønheden . . .
ja, den er let at nyde!

ET LYS I MØRKET

Der er noget betagende ved stearinlysets gule flamme,
og der er noget magisk ved bålets skær.

Det er et lys i mørket.

Som træernes grene spejler sig i skovsøen,
er vi funklende stjerner på nattehimlen.

Du er et lys i mørket.

HVEM ER JEG?

Jeg er din bedste ven, når det virkelig gælder,
jeg tager dig fra mørkets sorte kælder,
og ud i lyset med spotlight på,
op til toppen, hvor livet gror.

Foråret der spirer af liv,
håbets træ med nye friske grønne blade.
Din åndelighed får et par helsebade,
og du er som født pány.

Det grønne græs der bli'r ved med at gro,
som smukke perler på en snor.
Himlens guddommelig og lysende stjerne,
og fantasiens skarpe hjerne.

Den varme du aldrig fik,
og det beundrende kærlige blik.
Forståelsens silkebløde blidhed,
og dermed en flig af frihed.

Solstrålernes varme lys,
der fjerner vinterens ubehagelige nys!
Refleksionen i dine klare øjne,
der endelig får bugt med mørkets løgne.

FORELSKET

Selv om det kun er få dage siden,
vi så hinanden, så savner jeg dig allerede.
Duften af dit bløde englehår,
dine bløde hænder og dit gode humør,
din smittende latter og dit dejlige smil.

Selv om det kun er få dage siden,
vi så hinanden, så savner jeg dig allerede.
Dine dejlige kys, din dejlige duft, og al din dejlige støj,
dine smukke øjne, jeg kan spejle mig i,
og din nærhed, der får mig til at være ét med dig.

Selv om det kun er et par dage siden,
så savner jeg dig allerede.
Kærlighed er en Guds gave,
brug løs af den!

BROKKELAND

Vorherre, må have det svært,
for hvordan deler man vind og sol lige?
Landmanden vil have en let brise og rigeligt vand,
mens badenymfer og strandløver,
vil boltre sig i det varme hvide sand.

Jeg bor i et brokkeland,
hvem har taget min rokketand?
Jeg havde lagt den i den lille blå plastikæske,
men nu er både tand og æske væk!
Når, jeg finder den skyldige får vedkommende smæk!

Vi brok, brok, brokker os:
Der er for meget mad i maden,
varme er for varmt,
kulde er for koldt,
regn er for vådt,
og havet er *kun* næsten blåt.

Men faktisk har vi det temmelig godt,
lidt som blommen i sit æg,
hvor vi kan gå ud og ha' det smadder skægt.

SOL OVER VALBY

Aftensolen glimter på de røde tage,
her er glade og fredfyldte dage.
Gaden emmer smukt af liv,
jeg ser tilværelsen i et nyt perspektiv.

Der er sol over Valby,
min helt egen lille stad.
Selv små ting kan gøre mig glad,
en ung Mariehøne danser på sit rabarberblad.

De smukke gule huse emmer af nostalgi,
små dejlige restauranter og et stykke med fantasi.
I Søndermarken og Frederiksberg Have,
kan du tilbringe nogle dejlige dage.

NU ER JEG VÅGEN

Du tror et bad gør dig vågen,
ja, det hjælper på lugten.

Du tror kaffe gør dig vågen,
ja, du føler dig tiltrukket af aromaens duft.

Du tror en for tidlig telefonopringning gør dig vågen,
ja, du husker pludselig hvad det var du skulle.

Men når den halvkølige vind med regn og rusk
flår i din kind, så vågner dit lidt sløve sind,
og så tænker du: Nu er jeg vågen.

Når solen bryder de grå og mørke skyer,
og regnen går på hæld og den blå himmel dukker op,
så tænker du: Nu er jeg vågen.

TOSSEKASSEN

Foråret's fugle vækker dig fra nattens drømme,
du prøver at følge og fange fantasiens tankestrøm.
Du fumler efter fjernbetjeningen på bordet,
dagens første elektroniske fix.

Den dejlige sild på nyhedskanalen,
er klædt flot i blåt og med ny læbestift.
Hun si'r der lige er kommet noget nyt ind,
mens hun prøver at finde ro i sit sind.

Tossekassen kører for fuld kraft,
og alt er naturligvis i technicolor.
Zappe rundt på din favoritkanal,
i håbet om at finde noget interessant.

Du glemmer livet udenfor syltetøjsglasset,
med musik, farver, smukhed og fuglefløjt.
Du går rundt med elektroniske øjne,
mens tossekassen fylder dig med alverdens løgne.

ORDS MAGT

Det kan godt være at jeg ej kan synge,
og det kan godt være at jeg ej kan spille,
men jeg kan skrive dig et flot digt,
der får Guds engle til at spille sød musik.

Det kan godt være at jeg ej kan synge,
og det kan godt være at jeg ej kan spille,
men jeg kan skrive dig et flot digt,
der får de oprørte vande til at blive stille.

De hårde sjæle bliver bløde,
og de unge pigehjerter bliver mere røde,
der tændes lys i de døde øjne.

Det kan godt være at jeg ej kan synge,
og det kan godt være at jeg ej kan spille,
men jeg kan skrive dig et flot digt,
der får Guds engle til at spille sød musik.

Læberne, som før var tavse,
synger nu af deres lungers fulde kraft,
ordene maler de mørke sjæle lyse.

Det kan godt være at jeg ej kan synge,
og det kan godt være at jeg ej kan spille,
men jeg kan skrive dig et flot digt,
der får Guds engle til at spille sød musik.

I MIN LILLE POETISKE LEJLIGHED

I min lille poetiske lejlighed
syd for Valby Bakke,
tænder jeg mit kalenderlys.
Her emmer af hygge og glæde,
kom bare ind . . .   her sidder jeg.

Vinterens kolde krystaller
tegner en isdans på min rude,
på vej til Netto for at handle ind
møder jeg en gudeskøn sangerinde,
hendes nøddebrune øjne emmer af liv.

I min lille poetiske lejlighed
syd for Valby Bakke,
sidder jeg i stearinlysets skær,
min skarpe pen skriver smukke ting.

Jeg sidder og skriver i stearinlysets skær,
der er noget magisk ved julen og december,
her emmer af hygge og glæde,
kom bare ind . . .   her sidder jeg.

DER ER LIV!

Når du mærker det saftige grønne græs
mellem dine bare tæer, og når du hører
fuglefløjt i den tidlige morgenstund,
så mærker du at der er liv!

Når du med dine æstetiske øjne
ser den flotte blå himmel,
og når smukheden får tiden til at gå i stå,
så mærker du at der er liv!

Når krystalklart blå havvand skyller
henover din krop, og når en farverig sommerfugl
basker med sine smukke vinger og føler sig uendelig fri,
så mærker du at der er liv!

HOS BRORMAND OG SVIGERINDE

I Novembersolen,
ta'r jeg turen på min gamle skærveknuser,
fra Valby til Onkel Dannys elsket Vesterbro.
Mine sorte sko er pudset og skinner,
på min vej møder jeg de smukkeste kvinder.

Gensynsglæde,
brormand og svigerinde.
En udsøgt og dejlig middag,
og med en sjus i hånden
vi ud på den juleagtig altan forsvinder,
i mit sind er der lutter søde minder.

Ned til den lokale kiosk,
og købe øl og smøger,
man kan gå ned på mange ting,
men aldrig på røg og våde vare.

Klokken er efterhånden blevet mange,
så jeg sætter kursen mod Valby.
Hjem til den elektroniske skrivepult,
home, sweet home.

HVAD ER DIN YNDLINGSFUGL?

Tre mænd mødes, for at drøfte hvad danskhed er:

Nationalisten: Knopsvanen.
H.C. Andersen har skrevet om den.

Ornitologen: Rødhals.
Du skal være heldig, for at se den i Danmark.

Jægeren: Lommelærken.
Den holder dig varm og får altid fuglene til at synge.

I NAT

I nat er himlen trist og grå,
men bag dette "tæppe" er den blå,
med lys og sommer,
fryd dig når den kommer.

Når morgendagen oprinder,
fortidens dæmoner forsvinder,
der er kun lutter og røde kinder,
som i en drøm bli'r du som en storm,
der ryster universets bjælker.

I nat vor guddommelige og kærlige Fader,
forhindre at det hele bli'r værre,
med morgendagens lys,
bli'r du befriet for det værste nys,
du ser der er håb og at der er lys.

ÅBEN OG LUKKET

Skader du et hjerte bli'r det fyldt med smerte,
så klapper det i som en østers,
der bevæger sig væk fra kærlighedens kyster.

Et hjerte kan åbnes og det kan lukkes,
en hånd kan åbnes og skabe fred og hengivenhed,
som den kan knyttes til slag og skabe krig.

Et hjerte kan strutte af liv og romantik,
og skabe kærlighed, harmoni og fred,
eller være en lukket dør i al evighed.

UANSET

Uanset,
hvordan du vender og drejer det,
prøver du at gøre tilværelsen,
så behagelig som muligt,
for dig selv og dine medmennesker.

Uanset,
om det regner eller solen skinner,
og du guld i dybet finder,
så vil du altid prøve at gøre det,
behageligt for dig selv,
og dine medmennesker.

Uanset,
hvordan du vender og drejer det,
om himlen er grå eller blå,
eller om dit liv er gået lidt i stå,
så vil du altid prøve at gøre,
livet så behageligt som muligt.

DET KNIRKER

Jeg går stille med dørene,
for det knirker i økonomien.
Ikke noget med at åbne og smække hårdt i,
ingen brag, bare gå stille for det knirker.

Arbejdet kalder på alle energier,
så nu skal der arbejdes hårdt,
for tiden er kort i dette univers,
og det er noget der kan gi' dig stress.

Spilde sit hjerteblod og få flosset sine nerver,
man tænker: Hvad er det du laver?
Selv uden grund føler man at der skal gøres bod,
og det gælder om at udvise mod!

Økonomien er blevet belyst,
så ikke noget med at blotte sig og være sårbar,
for det knirker og denne knirken gør dig skør!
Nu skal der arbejdes og arbejdes hårdt.

LEV LIVET

Livet er til for at blive levet,
som mennesker på Guds grønne jord,
har vi mere end kattens sølle ni liv.

Livet blev givet for at vi skulle leve det,
det blev givet for vi skulle opleve det,
og du må efterkomme denne befalingen:

Overlev!

Lev livet og vær i live,
fold dig ud og slå dig løs menneske!
Det er din ret og pligt.

VALGET

Med blå himmel over Danmark,
vejer Dannebrog i vinden.
Det kræver sin kvinde og mand,
at passe godt på sit land.

Valgplakater og bogstavleg,
hvem er ærlig og hvem er fej?
Sæt dit kryds med omtanke og blidt,
inden dine nerver bli'r slidt.

At finde en politiker man kan stole på,
er som at finde en nål i en høstak,
planer bli'r kun ved snak og flere møder,
mens folk ligger på gaden og bløder.

Med løftebrud og endnu en sang fra de varme lande,
prøver de at bilde os alskens ting og sager på ærmet.
Sku' jeg stole på en politiker? Stol blot på dit vid,
det er og bli'r et spørgsmål om tillid.

GLÆDE

Glæde er tankens kraft,
der skaber liv og energi og kan vokse sig så stor,
at den kapper tristhedens mørke snor,
du bli'r som foråret der blomstrer i fuldt flor.

Glæde kan ej måles med nogen værdier,
dette univers besidder- for det overstiger al forstand.
Blot du gi'r lidt af dig selv, da har du givet meget,
lidt er en hel del i forhold til det nøgne intet.

Glæde blev skåret i træ,
mejslet i sten og brændt i platin,
for med glæde kan vi rejse os fra sølet,
som fortidens skygger pålagte os.

Glædens rus er det bedste sus af alle,
glæd dig ved at glæde og du vil bli' glad.
Skål!
Drik løs af livets glæder du møder på din vej.

I ET LAND MED FARVER OG FLAG

I et land med farver og flag,
må vi hver især kæmpe for en sag,
himlen er ret så blå,
det kan du vel nok forstå?

I et land med farver og flag,
kan vi skabe en bedre dag,
for der er kærlige kys på kinden,
og mange drømme i vinden.

I et land med farver og flag,
skabes livet som på en forårsdag,
hvor solen bare skinner,
og alle dine bekymringer forsvinder.

IN ABSURDUM

Når mørket sænker sig og det bli'r nat,
så ta'r nattens hårde halse fat.
De føler ingen skam, når de kvæler andre
som de blot var viljeløse dyr.

Så mange grusomme ting om natten hænder,
som brødre og søstre var vi venner.
Men nu har tonen fået en anden klang,
nu synges der en helt anden sang.

Spærret inde som en flok vilde dyr,
udklækket fra den kriminelle skole.
Voldsstatistikken stiger og stiger,
blodindsmurte og ødelagte drenge og piger.

Når den stille søndag kommer med en smuk sang,
prøver præsten at lokke dem alle frem.
Men som en slange i Paradis skifter de ham,
når du kigger dig omkring, er der så meget skam.

INSPIRATION

Når jeg ser de grønne træer bevæge sig i den rolige vind,
og den blå himmel viser sig, så får jeg lyst til at gribe
farve, pensel og palet og male hele lærredet fuldt.
Du ved, jeg malede engang.

Når jeg hører fuglesang i den tidlige morgenstund,
og når skøn musik blæser ud af radioen,
bli'r jeg grebet af en utæmmelig trang,
til at slå guitarstrengen an, og spille hele natten lang.
Du ved, jeg spillede engang.

Når jeg er alene og mine sanser bliver stimuleret,
får jeg lyst til at skabe i alle kunstarter på en og samme tid.
Du ved, jeg var multikunstner engang.

DIGTEBRØNDEN

Som landmanden har en brønd med vand,
så har jeg en med digte.
Jeg går derhen med min lille spand,
sænker den ned og henter inspirationen op.

Der kommer ikke vand du kan drikke,
- men poesi du kan læse.
Fra min brønd vil jeg dele det hele,
for jeg har mere end min egen kage at mele.

Det er en dejlig brønd, denne digte brønd,
det er lidt som drengen med guldbukserne,
lige meget hvor meget, jeg tømmer ud,
og lige meget hvor mange spande jeg henter op,
så bli'r der ved med, at være "guld" i min digterspand.

ØL I MAVEN

Øl i min mave føles som en gave,
duften af de gyldne dråber i glasset,
gi'r mig den første lille rus,
og så et noget større sus.

Når øllet finder vej til krop og hjerne,
kan man næsten se en lysende stjerne,
der får neuronerne til at slappe af,
og hæmningsløst vækker kødets lyster.

Jeg ved godt hvad du vil sige,
men ødelæg ej natten som er ung.
Rusen stiger og stiger og nu kan jeg snart ikke mere,
for flaskerne bli'r flere og flere.

BIOGRAFGÆNGER

I foyeren står der to søde piger,
og deler smagsprøver ud,
og en tørstig sjæl som mig,
har det ikke just med at tøve.

Popcorn og cola,
og slikposer der larmer,
anmeldelse og forventning til det hele,
og en god oplevelse at dele.

Vi valfarter til alverdens mørke sale,
bli'r suget ind i fantasiens farverige dale,
beundringsblikke er rettet mod det store hvide lærred,
historien folder sine store brede vinger ud.

SANDWICH

Når den Indre Verden presser på,
ta'r man sig neurotisk til hovedet!
Hvordan skal det hele gå?

Den ydre verden presser på,
med sit psykotiske kaos,
og dér ligger man så.

Man er Sandwich,
spise her eller tage med hjem?
Det er ikke *altid* nemt at være Homo sapiens.

DIGTET FLYVER

Griber du fat i digtet, flyver du med,
flyver med, flyver med, flyver med.
Så kommer du helt derud,
hvor hverken englene eller fuglene tør komme.

Som en tanke flyver digtet helt derud,
hvor ingen andre normalt kommer.
Ikke engang englene vil vide af det,
for digtet flyver jo bare!

Husk, at nagle dig godt fast med søm og skruer,
og hvad du ellers har ved hånden,
for ellers kunne du flyve helt derud,
hvor hverken fuglene eller englene kommer.

Hold fast!

For digtet flyver.

FATTIGDOM

Tælle hver en femogtyveøre,
dele hver en krone og prøve
at leve efter princippet om,
at sætte næring efter tæring.

Ud, ud, ud, af fattigdommens klør,
for at tælle hver en femogtyveøre
og dele hver en krone gør dig skør,
flere penge ud end ind gør dig helt ør.

Man længes efter overflod i stride strømme,
og at gå ud og flotte sig,
som alle andre du møder på din vej.

Men ak, du må se langt efter den lykkelige velstand,
og få sko og frakke til at holde et år mere,
og ofte bli'r et år til flere og flere og flere og flere . . .

NÅR DUGGEN FALDER

Jeg holder af havets lette brise,
der nænsomt slår mod strandkanten.
Kraftfuld i sit smukke væsen,
og en guddommelig lise for mange.

Jeg holder af fuglens skønne sang,
i den tidlige morgenstund.
Der uomtvistelig skaber glæde,
i mit sind, når duggen falder.

Jeg holder af den blå himmel,
og det grønne græs der gror.
Jeg værdsætter og holder af livet,
med vor kultur der springer ud i fuldt flor.

Jeg holder af de smukke sange der bli'r sunget,
og jeg holder af de smukke malerier der bliver malet.
Jeg holder af de smukke og kloge ord der bli'r skrevet,
og de kreative og positive ting du og jeg har skabt.

TRAVLHED

Travl, travl, travl.
Hvorfor al denne travlhed?
Jo, ser du: Ægteskabet, børnene, arbejdet, huset, haven,
hjemmet, hobbyen, budgetkontoen og vennerne,
og det stadig stigende antal tv-kanaler og programmer,
du skal følge med i, pyha, alt det vi skal nå!

Vi vil så meget og spænder vidt og bredt,
med alle de ting vi er engageret i, og vil *blive* engageret i,
og så er der alt det andre vil have dig til!
Ja, så er fanden løs på gade og vej.

Hvorfor ikke trække vejret lidt, og få et lille pusterum,
uden at skulle være *fyr* og *flamme* hele tiden?
Man ser det for sig, dette virvar af vilkårlig og uvilkårlig
bevægelse, men det er sundt nu og da at stige lidt af
rotteræset, bare mens vi stadig kan og husker det.

FRAFALD

Da ordet ej blev forstået,
blev studentens bogside helt blank,
og endnu dybere i stolen studenten sank.

Efter det misforstået ord,
ku' han faktisk ikke huske,
og et hysteri af den anden verden brød løs.

Brokkende toner og beklagelser tog form,
for studenten var jo ude i en storm af mangel på ord,
og således den ødelagte og tomme stol.

TIDEN GÅR

Tiden går og klokken slår,
urets tikken tikker afsted,
snoet om så mange håndled,
kigget på af så mange øjne.

Da man var lille som så,
var det Anders And man kiggede på,
senere, sku' det have design,
den rigtige størrelse og komfort!

Mit ur er hvidt med en postkasserød sekund viser,
de andre to er sorte med en selvlysende grøn streg,
-ret praktisk, når det er nat!

Den sølvgrå pind kan man stille tiden på,
for opgående aktivitet - tallene tror du måske er gule,
men faktisk er de sorte.

Hvad sku' vi gøre uden uret?
Urets tikken tikker afsted,
tænk på hvor mange ure denne verden besidder,
der er mange visere der drejer på samme tid.

Livets ur slår i takt,
og som i et spil skak har tiden magt,
ja, urets tikken tikker afsted,
kigget på af så mange øjne.

DET MAN BURDE GØRE

Det man burde gøre;
er at leve som en drømmende skaber,
med ord, farver og musik der emmer af skønhed.

Dernæst, burde man studere sig "blind" af sit fulde sind,
øve sig og blive kompetent - det man burde gøre er;
at arbejde hårdt for at forbedre sig, og opnå lykke og harmoni.

Drømmene kan nås og visionerne kan udleves,
hvis du blot tror lidt derpå, og ikke mindst dig selv,
så kan du opnå det hele.

SMUK SOM EN SJÆLDEN BLOMST

Livet leves her hvor jeg går og står,
du høster hvad du såede i går,
smuk som en sjælden blomst er du,
venlig som selve venligheden,
og vis som klogskaben selv,
guddommelige er vi.

ODE TIL MANGFOLDIGHEDEN

Åben dit smukke og følsomme sind,
og luk blot mangfoldigheden ind.

Kærlighed er en dejlig saft,
vi to har en sammenhængskraft.

Må du få en dejlig dag,
med farver, fest og flag!

ET CORONADIGT

Coronapas og et samfund der har fået stress,
demokrati er sgu da at give hinanden plads!
En minkskandale og løgne der kører for fuld skrue,
ulovlighederne vælter ud som myrer af sin tue.

Delt op i et A og B hold,
har du fået dit vaccinebånd?
Et "lille" stik kan vel ikke skade,
børn spis nu jeres giftige blade.

Du fyldes med dårlige nyheder dagen lang,
og du må lægge øre til mange en klagesang!
Dommedagsprofeterne spiller dig et puds,
og regeringen tror altid du har lus.

Vaccinetvang er den nye og bedrøvelige sang,
du skal udvise" samfundssind", min ven.
Sig mig, tror du jeg er blevet helt blind?
Demokratiet vakler, lad os tænde vores frihedsfakler!

OM DIGTEREN

Jens David Olsen er en moderne digter, men med rod i vores gamle, elskede digtertradition. Hans digte er følsomme, til tider romantiske, men alle med en nerve, der taler til det moderne menneske.

Han er født og opvokset i Helsingør, hvor han spillede klassisk guitar, og allerede dengang som ganske ung, begyndte han at skrive dansk lyrik. Senere, flyttede han til København, hvor han forsatte sine skriverier både på dansk og engelsk. Dog måtte han opgive musikken pga. en tidligere fingerskade.

Men da kreativiteten stadig boblede i ham, og da musik og sange gav ham inspiration til at skrive, fik han i 2005 udgivet en række engelske digte i digtsamlingen Behind Blue Curtains, samt i forskellige publikationer i England og USA, og har også været en del af Synspunkter-serien sammenfattet af skuespiller og forfatter Ulla Dueholm.

I 2016 udgav han digtsamlingen Et Åndedrag Af Evigheden. Forandringens Vingesus er hans nyeste udgivelse.

Der er ingen tvivl om, at man vil have stor fornøjelse af at læse Jens Davis Olsens digte igen og igen for at nyde hver eneste nuance, som man ville gøre det med en god årgangsvin, et smukt maleri eller ethvert andet kunstværk.

FSC
www.fsc.org
MIX
Papir fra
ansvarlige kilder
Paper from
responsible sources
FSC® C105338